D1306422

CRÓNICA DE MIS AÑOS PEORES

Tino Villanueva

CRÓNICA DE MIS AÑOS PEORES

Para Frances)
Estas palabras sobre el
tiempo atras, de Tino
Boston 3 mayo 89

Lalo Press
La Jolla, California

Lalo Press
P.O. Box 12086
La Jolla, California 92037

© 1987 All Rights Reserved
Crónica de mis años peores by Tino Villanueva

© 1987 All Rights Reserved
Cubierta, Tino Villanueva: *Ventana I*, 1987,
    acuarela, lápiz de color y bolígrafo, 46 x 30.5 cm

Edited by Yolanda Luera

Layout by Mayela Padilla

Printed by In To Ink Printing

AGRADECIMIENTOS: "La aventuranza de la sedición" y "Tú, por si no otro"
aparecieron originalmente en *Plural* (México), Núm. 145 (octubre 1983). "Clase de
historia" apareció originalmente en *Carreras: Casos en la comunidad*, Mireya Pérez-
Erdélyi, Gene S. Kupferschmid, eds. (Boston: Houghton Mifflin Co.), 1985.

All rights reserved. Except for brief passages quoted in a newspaper, magazine,
radio, or television review, no part of this book may be reproduced or utilized in
any form or by any means, electronic or mechanical, including photocopying or
recording, or by any information storage or retrieval system, without permission in
writing from the publisher.

ISBN: 0-9616941-2-2

INDICE

Crónica de mis años
peores, dije
lo que sólo era mío,
bebí del sortilegio
ruin de la erosión,
bauticé con escombros
la personal historia
de mi vida.

"Me pido cuentas"
J. M. Caballero Bonald

PORQUE ES CIERTO

Hoy puedo dar, después de tantos años,
desde este fondo tan lejano,
testimonio notarial de mis días más ausentes
de cuando pisé el umbral desenclavado y tenebroso
de la infancia.
Oh vertiginosa sucesión de aburrimientos,
tedio de costumbre a la mitad de la tarde
en la tierra de mi pueblo
tras cada juego con sonrisas.
Cómo luchar entonces contra los bultos
de sombras desdeñosas,
contra voraces referencias siemprevivas
entre el que tiene y no tenemos.
Y yo, perdiendo así la fe en el culto de mi casa,
sintiéndome cada vez más lejos de mí mismo,
a la deriva
en el sordo discurrir de una vida no vivida,
sin saber todavía que a mi esperanza
le faltaba el golpe exacto de la historia.

Hoy lo digo porque es cierto,
porque lo llevo en la memoria
con estas palabras, con este irreprimible afán
de reclamar: mi dimensión aparte,
las fechas rendidas sin mí,
el solar humano que me toca.

1

I

PRIMERA EVOCACIÓN

Era domingo,
así lo recuerdo, porque
todos en casa descansaban,
cuando me llevaron
de la mano a aquel solar
más allá de la iglesia.
Era domingo
a la mitad de los 40,
y los niños bien peinados
y las niñas de tímidas sonrisas
ya esperaban
los juegos del festejo.

Así empezó la tarde con manzanas
tambaleándose en el agua
que eludían nuestras bocas,
y el correteo con el pañuelo
alrededor de la gritería
del grupo que no tardó
en ir en pos del horizonte
regalador de una piñata altiva de colores.
Aquel aire infantil
me sale todavía en la memoria:

Na - ran - ja dul - ce, li - món par -
ti - do, da - me un a -
bra - zo que yo te pi - do.

A la ví-bo-ra, ví-bo-ra de la mar,
de la mar, por a - quí pue - den pa - sar.

(¿Qué será de aquel niño
a cuyos pocos años le hacíamos
honor? ¿Vivirá todavía para saber
que alguien desde lejos le recuerda
si bien no su nombre,
ni el regalo que ofrendó?)
Como dije, era domingo,
y otra vez volvimos por las calles
de cascajo;
y porque era casi como culto,
en casa seguían descansando.
Y este niño,
tan dado a otros juegos,
ignoraba cuántas cosas estaban por cumplirse
y cuánto tiempo tendría que esperar.

6

EMPEZANDO A SABER

No sé qué me da por abrir
las puertas malditas del tiempo
y ver de nuevo el barrio
polvoriento entre el cascajo,
donde aprendí a ser menos de lo que era.
Seguramente porque me hice tal,
porque he llegado, para bien o para mal,
hasta esta orilla de mi vida,
y más porque el compás de mi memoria
es mi conducta,
pongo ahora la maciza rebelión de las palabras
al candor de este papel.

Cierro los ojos
y empiezo a saber la extensión de mi Nada,
vuelvo a sentir el mismo asco,
la insolvencia de entonces
cuando un terrón perdido en el olvido
era mi cuerpo,
desmoronándose con cada lluvia
de lenta negación:
Cuántas veces
        en lo hondo de la tarde
        me quedé sentado a ras de la tierra
        recargado en la morosa sombra de un nogal,
        como esperando el advenimiento de una luz;
cuántas veces
        en el último reducto de la noche
        nadie me ungió de salvación, alzándome
        algún pedazo de verdad ante mis ojos;
cuántas veces
        no me rescataron de la invasión multiplicada

de preguntas, pues nadie me explicó
por qué mi casta no contaba,
por qué nombrar las cosas
a mi modo con mi lengua
equivalía a traicionar
los códigos sajones de pureza.
Y levantándome con la hombría de doce años
me sacudía el polvo de la ira,
harto de tener que resollar,
preguntándome cuál dictamen o decreto,
cuál fuerza abolidora deshacía mi sonrisa,
los juegos de trompos, canicas y *baseball*.

Alma ocupada fue la mía en los días gachos
de mi tiempo, en la recia cerrazón
de mis horas juveniles
que hoy se agolpan en mi frente.
Voy juntando mis años
en la contienda del presente,
recogiendo los fragmentos de mi ruina
al pie de las unánimes fronteras
contra las cuales mis años indefensos
sin paz se desgastaron.
Le doy, por fin, sentido a lo perdido,
le pongo nombre al porvenir
porque hoy me pertenezco,
soy la fundación de lo que creo
y no de lo que fui.

CASI BÍBLICA CIUDAD: CHICAGO

A Carlota, a Hortensia

A los trece,
cuando este cuerpo recluso y taciturno
era tiempo apenas pronunciado,
me acerqué
al brillo de las voces de la radio
y divisé una ciudad
que me devolvía la mirada,
una ciudad de puertas abiertas
al vaivén del más desamparado.

En la insaciable emanación
de los años
por la barriada polvorienta,
se fue imponiendo
en la pantalla
aquella terca población,
y con ella fui creciendo
y construyendo otras verdades para mí.
Siempre mis ojos hastiados
despertaban
al horizonte de firmes rascacielos
que se repetían
en ecos de cemento
y tonos de cristal.
Finales de los 50,
y palabras y palabras fueron llenando
mis zonas de orfandad,
le inventé otra vida
a la vida: yo era el niño

desdoblado por la paradoja
de dormir en casa y de vivir
igual que un amante anónimo
en la casi bíblica ciudad
que con fuerza real hablaba
en muchas lenguas.
Y daba gusto pronunciar su nombre,
extender el mapa
y buscarla muchas veces junto al lago
cubierta de luz y de razón.

Desde mi aldea del sur
y desde entonces,
para alzar este edificio
de convocadas palabras
he venido reptando polvorosamente
desde el hondo tiempo transcurrido,
izando exactamente la esperanza,
sintiéndome más hombre
en las horas de albedrío
por cada bulevar.

EL MANDADO

Puse la integridad total en la vereda,
y era yo el único que caminaba
en el crepúsculo,
atravesando diagonalmente por el gran
patio de la escuela contigua
en dirección al lugar de los comestibles
a la mitad de la otra cuadra,
cuando no sé qué furia rígida y caliente
se me entrañó con un golpazo
en el estómago,
luego un vacío acídico y de prisa
se me extendió
como un *pinche animal* devoradoramente
revulsivo que se me fue subiendo
en una sucesión de quejidos,
atragantándoseme la ira
sin poder contener la quieta efusión
mojada que me empañó la vida,
vaciar el asedio de la sangre
que se volvió torrente sin salida,
clamor terrible en mi sendero.

Por un instante anduve a tientas.
No hubo refugio bajo la media luz
del cielo. (¿Quién me mandó por el
entorno de la abdicación, por el
borde de la historia equivocada,
de qué me sirvió la inculcada paz
dominical de las banquillas?)
Quise arrancarme letra por letra
mi nombre, y de repente pude
verme desde fuera, y era igual
que si el error de estar vivo del prójimo

11

también se midiera
por el andar de mi cuerpo
en aquel atardecer de octubre del 57.

Pero todo fue fugaz que para cuando
arribé a la esquina del solar
se me había pasado la violencia.
Crucé la calle,
abrí la puerta con campanas,
compré las costumbres del pan blanco,
del cuarto de leche, las tortillas.

Y cuando volví contra las sombras
a la hora incierta (sin comprender y
comprendiendo), volví como quien vuelve
desde lejos tras heredar una derrota.
A qué distancia no estaría de mí mismo
que ni cuenta me di que había ingresado
por la puerta del tiempo doméstico.
Unas manos solícitas (no sé de quién
todavía) me arrimaron la etnicidad del
alimento. Lo demás fue silencio,
y por largos días toda la vida siguió
cabiendo en aquel hondón de nada
hondamente verdadero.

ENTREACTOS DE IRA

Reunido está en la remembranza
aquel hogar hermético,
y en él una familia
tan dada a las riñas repentinas
por no tener lo suficiente
para evitarlas.
Estoy oyendo
dos décadas de unos
contra otros: abuelo y tíos
defendiéndose con voces
que hacían doler las paredes
de yeso y de cartón; mayores
contra menores vociferándose
injurias sin ir más allá de la protesta
como quienes se dicen protestantes.
Y daba lástima que sus cuerpos
ya no se llamasen por sus nombres
y que el respeto
se perdiese en el hostil estrépito
de la argumentación.
Lejos de todo dios, era igual
que si dejasen de ser
los elegidos de la tierra,
rendidores de alabanzas
en fervor dominical.
Perdonadme, madre absoluta,
abuelo y tíos de la vida, pues
nunca comprendí por qué éramos
mejor que el vecino y los "paganos",
y mucho menos

13

cuál era la lección
que me querían enseñar.

***

En aquellos entreactos de ira
nada hacía prever alguna redención.
Huía hacia mí mismo; me hacía sordo
para salvar lo que pudiese
tras cada huamazo de humillación.
Del rincón aparte (a donde nadie
venía por mí) me agarraba,
y en la garganta estaba el golpe
de todos los resabios.
De repente alguien perdía,
y con lágrimas
lavaba el resto de su noche.
Sólo así cesaba
el aire intransigente.
Y calmados alma y cuerpo,
una tregua inquietantemente silenciosa
invadía cada habitación.

***

Porque soy yo y mi conciencia
vuelvo hacia atrás y me miro
donde estoy.
Es domingo, noviembre del 81,
y si hoy
a los míos enjuicio a mi manera,
no es porque quisiese tener razón,
sino sólo porque he sobrevivido
para entender:
que el monedero
vacío ante la vida;

que el hedor de la letrina de madera
donde las moscas luminosamente
rezumbaban verdeoscuras alrededor
de los montículos comunalmente putrefactos;
que el cuerpo
doblado a campo abierto
para arrancar el fruto de otros;
que el agua que tardaba en calentarse
sobre la leña para lavarse
los lesivos días llevados a la espalda;
y que la escasa volición
por traspasar los cercados
de la maldición,
   fueron dejando
sus huellas en aquellos seres
de tierra y de sudor,
   y eran en el fondo
las abyectas referencias
que hacían gritar con desamor.

***

En fin, ya, gracias a la vida
por la memoria insosegada
que es memoria.
Diez años, quince,
muchos días pasarían
para trazar los rumbos de esta génesis,
para encontrar estos versículos
del libre respirar.

15

II

EN EL CLAROSCURO DE LOS AÑOS

Alertado vigía de mí mismo
me he parado
ante la noche insomne
a rechazar el sueño
cargado de memorias
que casi por sí solas
vanivienen
por los callejones de la infancia.
Qué manera de vivir
golpe a golpe
sintiéndome llamado a la exigencia
de pedir el sentido de las cosas.
Si me desvelo entre las sábanas
es que me relleva la torpeza
de no poder vencer
el despliegue denso de la noche,
de no poder contar cada suceso.

Vivir entonces
era acto perpetuo de confiar
el alma a los demás.
Y estoy viendo
en el claroscuro de los años
los sitios derramados que habité
con el tamaño bronceado
de mi cuerpo
y el alma hecha escombros
por el desdén
de los gobernantes en razón.

Ahora el tiempo emerge
de las fechas requemadas

y de nuevo
se me notan los recuerdos
que estoy siendo.
Parece que no sirvo
más que para dar esta verdad...
aquí, yo, heredero
de todas mis memorias,
defendiendo a cada instante
la conciencia que antes me faltó.

SÓLO SÉ QUE AHORA

En el viento móvil
del recuerdo
soy los lugares apagados
donde he estado,
los soles
que me dejaron azonzado,
los cansancios infantiles
y su negación acorde.
Y pienso que quizás esta
solidaridad de palabras
no sea suficiente
para contar
tal y como entiendo el tiempo,
no sea suficiente
para entender
cómo el alma mide el tiempoatrás.
Sólo sé
que ahora que me veo
en la vereda que he formado
estoy conmigo y con mi todo,
reconozco
que todo cuanto he sido
espera en la memoria.
Las razones de esta historia
jamás podré abdicar.

TÚ, POR SI NO OTRO

Pon la voz
donde tengas la memoria,
hombre, que transformaste
la congoja en conciencia
saludable.
Defiende con palabras
cuanto entiendas,
tú, que tragaste el polvo
de las tardes.
Tú, por si no otro,
condenarás desde tu lengua
la erosión de cada contratiempo.

Tú, que viste crecer
los simulacros del hastío,
entenderás cómo el tiempo
consume al indigente;
tú, que te diste
tus propios mandamientos,
sabrás mejor que nadie
por qué lesdiste la espalda
a los más tenaces muros de tu aldea.

No calles,
no eches al olvido
la verdad más persistente,
como hará, tal vez,
el más convencido de los prójimos.
Recuerda bien
la rotación de tus días: la nublazón,
y el lodazal tan fácil
después de una llovizna;

las precarias ventanas que el viento
intermitentemente aventaba
en el invierno, y aquella
habitación de tablas sin calor
donde el frío en tus ropas
buscaba refugiarse.

Di cómo pudiste llegar
hasta aquí, desatrancar
las puertas de la Historia
para ver tus años iniciales,
tu pueblo, los otros.
Di para qué te ha servido
el sereno duende de la rebeldía,
y cómo fuiste
desaprendiendo las lecciones
de aquel maestro, profanador omnipotente
de tu patria.
Haz memoria
de cómo te fuiste salvando
desde el primer vacío,
y pregúntate para qué,

después de todo,

pueden servir estas palabras
en esta rotunda hora del presente
donde tu voz suena con tiempo.

CUENTO DEL CRONISTA

He dicho,
por ejemplo: umbral, memoria, cerrazón,
zonas de orfandad, silencio, respirar.
El secreto, sin embargo,
está en habitar otras palabras,
en verlo todo a un tiempo y me desvelo.

Vigila por mí, Tlacuilo venerable,

ayúdame a ser fiel a mi linaje, las fechas
castigadas por el sol y lavadas por la sombra.
Bendíceme, dile a tus dioses que oren por mí.
Prefiero no olvidar
la sucesión de sueños rotos, pues sería
igual que querer quemar la historia.
Instrúyeme, escribano y dibujante,
dame luz y poderío a fin de rescatar
las ruinas de la patria y el orden natural
del tiempo derrumbado.
Dale a mis retablos equilibrio,
la medida igual de los colores más constantes

para que ardan de verdad.

Tú también, desflechado peregrino castellano,
Alvar Núñez Cabeza de Vaca, maldito explorador
de nombre imaginista,
enséñame a entender el alfabeto ahora
y por encima de estas huellas ofrecidas.
Enséñame a salvarme de aquéllos que con
mano airada separaron la esperanza germinal
de mi inicial suspiro e hicieron los días naufragar.
Casi-indígena bilingüe por la vertiente
de Texaztlán a la deriva, haz que las aguas
de un río que vadeaste batan mi memoria,
que mi tierra resuene letra a letra debajo
de mi puño, pues es severa y desesperadamente
preciso recitar estas costumbres.

Me pongo a pensar y digo: Ayer es viejo
como un nombre que no deja de decir su historia.
Tlacuilo, Núñez Cabeza de Vaca,
conmigo estáis reconciliados oyendo
esta impaciencia, este diario acto de vivir.

III

EL ANGOSTO MARCO DE MI TIEMPO

Sintiéndome gastado por el vil
aburrimiento, y sin saber todavía
cómo borrar en cada paso una barrera,
pisé el umbral temible
y me encontré de súbito perdido
entre los muebles familiares
y oscuridad indivisible de mi alcoba.
En aquella noche insomne,
 –marzo tibio del 58 –
tirado bocarriba entre el ensueño
y la vigilia, preguntándome
quién más quién menos avanzaba
entre su pueblo,
comprendí con mis huesos más que nunca
el angosto marco de mi tiempo.
Tendrás que irte de aquí me dije.
Haz como puedas para alzarte a otro
estado donde no tengas que entregarte
dócil a la patria.

En el espejo del recuerdo
aún me veo
en aquel nocturno enclaustramiento
sin ninguna herencia de verdad
a que atenerme: cerré los ojos y me metí
a las aguas tenebrosas del cansancio,
y así me fui a contrarrío
hasta la fuente más cálida del sueño.

CLASE DE HISTORIA

Entrar era aspirar
la ilegítima razón de la clase,
ser sólo lo que estaba escrito.
Sentado en el mismo
predestinado sitio
me sentía, al fin, descolocado.
Miraba en torno mío
y nada alumbraba a mi favor.

Era cualquier mañana de otoño,
o primavera del 59, y ya estábamos
los de piel trigueña
sintiéndonos solos,
como si nadie abogara por nosotros,
porque entrar era arrostrar
los sofocantes resultados
del conflicto: el estado
desde arriba
contra nosotros sin el arma
de algún resucitable dato
para esgrimir
contra los largos parlamentos
de aquel maestro
de sureña frente dura,
creador del sueño y jerarquías,
que repetía,
como si fuera su misión,
la historia lisiada de mi pueblo:

And beware of the Mexicans, when
they press you to hot coffee and
"tortillas." Put fresh caps on
your revolver, and see that your
"shooting-irons" are all in order,

30

for you will probably need them
before long. They are a great
deal more treacherous than Indians.

Entre los autores de la luz
no estuvo aquel corruptivo preceptor,
como tampoco fecundó
con fáciles sentencias
y cómplice actitud suprema
los cerebros listos de mi raza:

He will feed you on his best,
"señor" you, and "muchas gracias"
you, and bow to you like a French
dancing-master, and wind it all up
by slipping a knife under your
left shoulder-blade! And that's
one reason I hate them so.

Por no gritar mi urgente ira,
me encorvaba en el pupitre
como un cuerpo interrogante;
me imaginaba estar en otro estado,
sin embargo, fui cayendo
cada vez hacia el abismo espeso
de la humillación,
tema tenaz de mi tiempo.
¿Quiénes éramos
mas que unos niños
detenidos en la frontera perversa
del prejuicio, sin documentos
recios todavía
para llamarnos *libertad*?
Se me volvía loca la lengua.
Quería tan pronto saber
y decir algo para callar

31

el abecedario del poder,
levantarme y de un golpe
rajarle al contrincante las palabras
de obsesión, soltarle
los argumentos de nuestra fortaleza
y plantar, en medio de la clase,
el emblema de mi fe.
Pero todo era silencio,
obediencia a la infecta tinta
oscura de los textos,
y era muy temprano
en cualquier mañana de otoño,
o primavera del 59
para decir
lo que se tenía que decir.

Pero han pasado los años,
y los libros han cambiado
al compás del pueblo latidor,
porque sólo por un tiempo puede
un hombre llevar a cuestas
el fastidio
de quien se cree el vencedor.

Aquí mi vida cicatriza
porque soy el desertor,
el malvado impenitente que ha deshabitado
el salón de la demencia,
el insurrecto
despojado de los credos de la negación.

Sean, pues,
otras palabras las que triunfen
y no las de la infamia,
las del fraude cegador.

LA AVENTURANZA DE LA SEDICIÓN

El sol irrestricto
había partido el día en dos,
y ahora íbamos
en el filo de la tarde
igual que un retablo de corvas
figuras de lona azul distante.
Ibamos como una peregrina
y maloliente hermandad de sudores,
tirón a tirón entre las matas
de algodón frondoso,
con la patética ilusión de llegar
al final del surco.
Mas siempre que arribábamos
con la prisa de la necesidad de estar ahí,
la única lógica era
que nos tocaba devolvernos
por el surco contrario,
cuya opuesta continuidad
nadie podía represar.

Y yo, el niño polvoriento
quedado atrás a la mitad de la labor,
detenido en el remanso de mi sombra,
tenía razón
en no darle vida a los pasos absurdos
por herencia.
Y así se fueron quemando los días
en aquella estación cautiva
de la infancia.

Entonces sería,
sí, sería entonces que me entró

la aventuranza de la sedición.
Los sábados,
pasado el mediodía,
acostaba, por fin, el cuerpo
a las orillas del baño de aluminio.
Y en el rito liberador del agua,
podía quitarme de encima
la costra y contemplar
las aguas turbias del tiempo.
Y así fue,
con la ablución del baño semanal,
que cada vez me fui
desterrando de lo que era.

TIERRAS PROMETIDAS

Era fácil no despertar
tan de mañana,
pero ya por el entresueño de la casa
entraban y salían
figuras desteñidas
acarreando no sé qué cajas
como por sumisión a un itinerario.
Cómo olvidar que el desayuno
lo tomaba sin estar consciente,
que de pronto sonaba el metal
contra el metal
al engancharse una *treila* verde
de dos ruedas,
cargadora de bultos
de doméstica intención.

Ahora todos los viajes
son uno: a buena hora
y bien dispuestos salíamos
por la carretera de chicle
abandonada
(recuerdo siempre un carro negro),
salíamos furtivamente
mucho antes de la media luz,
como quienes deseaban
ahorrarse la vergüenza de vivir.
Y daban ganas de no ir, de descansar
de las veces anteriores.
Cada verano retoñábamos
porque la tierra hacia el sur
(El Campo, Wharton, Taiton,
New Taiton, Glen Flora)

prometía capullos y verdor;
porque no había modo
de aliviar la vida de esa vida,
de redimirnos
de una sola tarde excesivamente
soleada cuando el cuerpo
se enjuagaba en el sudor,
y las dagas del sol
nos traicionaban por la espalda.
(¿Quién vendrá por mí un día
a curarme del horror de estar aquí,
a quitarme la sed para siempre
y por favor?)

                 ***

Muy entrado septiembre
y ya rendidas las plantas
yo seguía siendo el niño involuntario,
pues no había otra esperanza
mas que la de subirnos
al camino hacia el norte
(Hale Center, Plainview,
Levelland, Seymour, Seminole)
donde repentinamente ya estábamos
atragantándonos con la arena fría,
donde otra vez íbamos a contrarreloj
codo a codo
como una jorobada masa congénita
por el estado repartida
                 arropados
agachados   ahincados
por encima de la helada quebradiza
marcados por el rozón del ramaje,
dando el preciso tirón y arrancón
a capullos con cáscara seca.

Ibamos por el mes de enero,
y un vientecillo nos odiaba
cada vez que levantábamos la cara.
Allí también sólo los terrones,
no la tierra, eran nuestros.
(Quién fuera liebre para dar
el salto vital, para correr,
correr de aquí y no volver.)

Desde toda la sustancia
que hoy me pertenece,
con más razón ahora considero,
cuán presa estuvo aquella infancia
en el dominio aborrecible
de las labores de algodón.
¿Quién mandó que en los 40
fueran tan largos los surcos,
y que el tiempo
que tardé en piscarlos
fuera voraz para mi vida?
En los 50 ya no me importaba
la respuesta. Me dije:
todo está perdido, andavete
como puedas. De aquí no sacas nada.
Mas sólo en los 60 pude separar
el pasado del futuro,
y dejar atrás los caminos de la malasombra
y de la escarcha.

CONVOCACIÓN DE PALABRAS

Yo no era mío todavía.
Era 1960...
y lo recuerdo bien
porque equivocaba a diario
el sentido de los párrafos;
en la umbría de una tarde
enmugrecida con aire desvalido
asistía a la vergüenza
de no entender del todo
lo que el televisor
estaba resonando en blanquinegro.
Desharás, me dije,
las sanciones en tu contra.
Irresoluto adolescente,
recién graduado
y tardío para todo,
disciplinado a no aprender nada,
harás por ti
lo que no pudo el salón de clase.
Esta será tu fe:

Infraction
bedlam
ambiguous.
Las convoqué
en el altar de mi deseo,
llevándolas por necesidad
a la memoria.
En la fecundidad de un instante
me fui multiplicando:
affable
prerogative

egregious.
Cada vez tras otra
asimilé su historia,
lo que equivale a rescatar
lo que era mío:
priggish
eschew
impecunious.
Porque las hice doctrina
repetida horariamente,
de súbito
yo ya no era el mismo de antes:
assiduous
faux pas
suffragette.

Ahora desciendo inagotablemente
de ellas; son
mi hereditaria ofrenda,
huellas de sangre vivida
sobre el papel constante:
exhume
querimonious
kibitzer.

Tenaz oficio
el de crearme en mi propia imagen
cada vez con cada una al pronunciarla:
postprandial
subsequently
y de escribir por fin con voluntad
las catorce letras de mi nombre
y por encima
la palabra
libertad.

AHORA SOMOS CUERPO Y TIEMPO

Si algo he dicho
más allá
de las deshonras
de la infancia;
si algo he sido
más allá
de la descarga del *desmadre*
y de las sombras insolentes,
será porque uno de entre tantos
desde el resol de los 60
un día dijo una palabra.
Se la dijo a alguien,
se la dijo a nadie,
y alianzas se formaron en el aire,
y ya todo fue distinto.
De esta forma el hombre
que mejor conozco
cobró dureza y temple,
y yo también
pacté con los nuevos actos
de los hombres y mujeres
del espejo y de la luz.

Ahora somos cuerpo y tiempo,
porque es el peso transparente
del nosotros,
y no la Historia por sí sola
lo que marca
otra dirección del aire,
otros caminos.

UNCIÓN DE PALABRAS

¿Qué dirán mañana estas palabras,
qué dirán
entre las manos de los hijos
de este padre que aún no lo es?
¿Verán
que he interrumpido la vida
para contar estas constancias,
estos retazos de lamento,
y que he venido con los míos
de un pueblo perseguido
por la historia irracional?
¿Comprenderán
que este fragor de consonantes
es el asco
en conciencia transformada,
cabal comprobación de que he existido?

Llévate, hija,
llévate, hijo,
de mí esta unción de palabras
con las que me curo diariamente,
porque el recuerdo es poderoso
y se vuelve contra mí al improviso,
tiene vida como tú,
aunque todavía no existes,
y sin embargo, dulcemente,
ya de ti hago memoria.

Hoy me desamarro
del trágico trasunto de la vida,
y te entrego, pues,
las cosas familiares: cómo

y por qué una mitad de tus abuelos,
más quien esto escribe,
tardamos largamente en despedirnos
de la vecindad donde dolían
nuestros nombres.

Para siempre:
llévate esta fe enmarcada
a fin de que retengas el retrato
y tu linaje
inquietados en el fondo
por las fracturas del pasado
y la entereza que ya soy.

DEJAR DE RECORDAR NO PUEDO

Estás aquí, veraz memoria,
como una vida venida por el viento,
como una sola fecha
traída por el tiempo
de aquella no tan turbia lejanía
de días arrasados.

Paso a paso, hacia atrás
desando en largas soñaciones
la tribulación
y su verdad tangible,
porque dejar de recordar no puedo,
oh no en este día,
que fui lo que me habían dicho,
que a la sombra de otros
fui creciendo
con la nonada contumaz de fondo.

Recuerdo, luego soy...
y acaso ahora no sea suficiente
esta ascensión
de certidumbre en las palabras
para contar mi *rascuache* y novelesca
primera condición,
para trazar los principios
de mi anhelo de vivir.

Sin otra libertad
mas que esta hombría
de ser y de hacerme a mi medida,
yo me bautizo
en el nombre de todo lo vivido

y pongo mi vida por delante,
porque la duda ha sido mi mejor ceremonia,
porque salvado estoy sabiendo que me tengo.

***

NOTAS

"Primera evocación": Los trozos musicales proceden de dos canciones infantiles mexicanas / chicanas, "Naranja dulce limón partido" y "La víbora de la mar".

"El mandado": *pinche animal*, alusión al *angst* existencial del cual padece el protagonista del relato, "The Week of the Life of Manuel Hernández", por Nick Vaca.

"Cuento del cronista": Los *Tlacuilos* eran escribanos aztecas que cumplían la tarea de cronistas encargados de los códices. *Texaztlán*, neologismo compuesto de *Texas*, estado en el sudoeste de los EUA, y *Aztlán*, voz náhuatl que se refiere a la "tierra hacia el norte", o sea el territorio mítico de los aztecas supuestamente ubicado en el sudoeste de la Unión norteamericana. Según Rémi Siméon, Aztlán es el "lugar ocupado por los aztecas en sus orígenes, cuyo emplazamiento, objeto de numerosas búsquedas, sigue ignorado. Generalmente se le localiza al norte del golfo de California" (*Diccionario de la lengua náhuatl o mexicana*. Paris: Imprimérie Nationale, 1885, edición Siglo Veintiuno, México, 1981, p. 51).

"Clase de historia": Las citas en inglés se extraen del libro de John C. Duval, *The Adventures of Big-Foot Wallace, The Texas Ranger and Hunter*, del cual les leía a sus alumnos un cierto maestro de historia en la escuela secundaria en la década de los 50.

"Convocación de palabras": Las voces inglesas intercaladas han sido extraídas del gran acervo de vocabulario que el autor almacenó en unas libretas entre los años 1960 y 1964 durante un período de consciente autodidactismo, lo cual le resultó ser un no insignificante primer paso hacia la universidad si bien entonces lo ignorase.

"Ahora somos cuerpo y tiempo": *desmadre*, privación en la vida social, alienación y derrotismo, o bien tragedia del espíritu. Los versos en cursiva se toman del ensayo de Octavio Romano, "Goodbye Revolution—Hello Slum". Traducción de quien escribe.

47

In To Ink Printing • San Diego, California • (619) 271-6363